人工智能启蒙

第一册

林达华　顾建军　主编

商务印书馆
The Commercial Press

目　录

第一节

无处不在的人工智能

学习目标

1. 知道人工智能的定义；
2. 了解人工智能的发展历史；
3. 知道人工智能的应用领域。

小 A：周末跟机器人下围棋没有赢，机器人太厉害了！

小 B：对呀，这就是现在的人工智能，就算是职业棋手都会输给它。

想一想

你听说过人工智能吗？如图 1－1 所示，围棋机器人为什么能打败人类职业棋手呢？

▼ 图 1－1 阿尔法围棋（Alpha Go）与人类职业棋手仿真图

1.1 初识人工智能

机器人能够战胜人类职业棋手，是因为人类赋予了它们“人”某方面的智慧和能力，这就是人工智能。

人工智能（artificial intelligence，简称 AI）。它是研究、开发用于模拟、延伸和扩展人的智能的理论、方法、技术及应用系统的一门新的技术科学，其研究的主要内容包括：机器学习、计算机视觉、智能语音、自然语言理解、智能机器人等方面。简单来说，人工智能就是让机器在思维、行为、表现等方面能够看起来像人一样。

试一试

如图 1-2 所示，图中有两首诗，分别是机器人和人写的，你能猜出来哪首是人写的，哪首是机器人写的吗？

▼ 图 1-2　人与机器人创作的诗歌

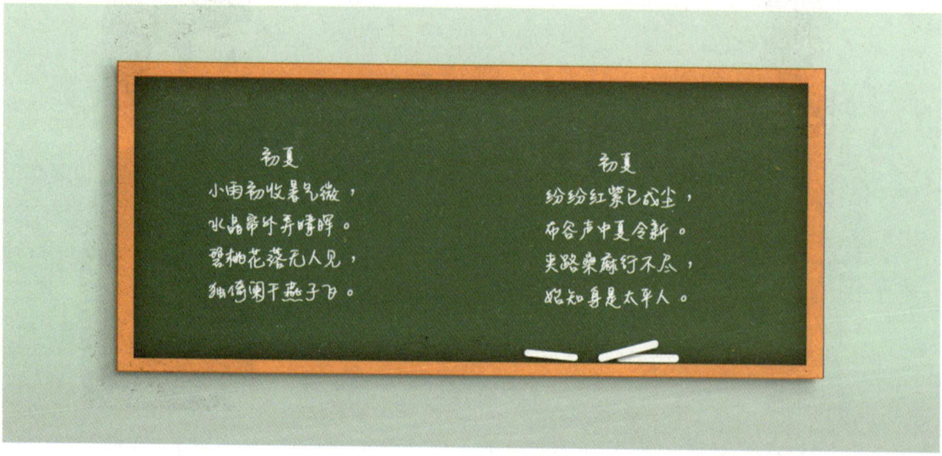

想一想

机器人写诗是模仿了人的哪种智能呢？

1.2　追溯人工智能

做一做

请同学们跟智能语音助手聊一聊自己的爱好。

想一想

同学们跟语音助手聊得愉快吗？你觉得语音助手像不像人类呀？

1950 年，著名的图灵测试诞生，按照“人工智能之父”英国人艾伦·麦席森·图灵的定义：如果一台机器能够与人展开对话（通过电传设备）而不能被辨别出其机器身份，那么就可以认为这台机器具有人类智能。

▲ 图 1－3　人工智能之父：艾伦·麦席森·图灵

1956 年夏天，美国达特茅斯学院举行了历史上第一次人工智能研讨会，被认为是人工智能诞生的标志。会上，麦卡锡首次提出了“人工智能”这个概念。

1.3 人工智能在身边

当前，人工智能已应用在生活的方方面面，例如手机上的人工智能、车辆上的人工智能、网络上的人工智能、家用级人工智能和城市级人工智能，如图 1－4 所示。

人脸识别

AI 翻译，支持多种实时翻译

▲ 图 1－4 人工智能技术的应用

手机中的人工智能包括：人脸解锁、自拍美颜、相册自动分类、语音助手、智能翻译、增强现实（Augmented Reality）等。

车辆上的人工智能包括：目标检测、辅助驾驶、自动驾驶等。

网络上的人工智能包括：搜索引擎技术、机器翻译系统等。

家用级人工智能包括：智能音箱、智能家居、扫地机器人等。

城市级人工智能包括：智能监控、智能交通系统等。

做一做

人工智能越来越多地出现在生活中，最常见的就是手机中的人工智能。下面请你和小伙伴一起体验一下实验平台上神奇的人工智能应用吧！

议一议

你身边还有哪些人工智能的应用呢？

1.4 人工智能时代

看一看

如图 1－5 展示了一些人工智能帮助改善人类生活的案例，和你的小伙伴一起来看一看吧！

▼ 图 1－5 人工智能在生活中的应用案例

想一想

人工智能在生活中有哪些应用呢？

人工智能在很多特定的任务上的表现已经接近甚至超越人类，人工智能时代已然来临。或许在不久的将来，人工智能将成为生活中不可或缺的一部分——当你觉得冷时，人工智能应用会贴心地调高空调温度；当你起床时，人工智能应用会详细地为你提醒日程；当你饿了时，人工智能应用会为你选择最合适的门店和送货员；当你要出门时，人工智能应用会为你发动汽车，规划路线，帮你躲避拥堵。

议一议

请你和小伙伴一起讨论一下，在未来人工智能还可能应用在哪些领域？

想一想

把你和小伙伴的构想写下来或者画下来，使用互联网搜索一下你们的构想现在科学家们已经做到哪一步了？如果你是科学家，接下来你想怎么做呢？

评一评

我知道“人工智能”能够使机器具有类似于人的思维、行为和表现。☆☆☆☆☆

我知道“图灵测试”是辨别机器是否具有“人工智能”的重要标准。☆☆☆☆☆

我能列举出 3 -4 个人工智能在生活中的常见应用。☆☆☆☆☆

第二节

从数据中学习

学习目标

1. 初步理解机器学习的含义；
2. 知道机器学习的特点；
3. 知道机器学习与人类学习之间的差别。

小 A：小 B，你知道世界上最高的山峰是哪座山吗？

小 B：不知道呢，查查看。

小 B：你看，世界上最高的山是珠穆朗玛峰，它的高度是 8844.43 米。

小 A：哇，计算机就像百科全书，什么都知道！

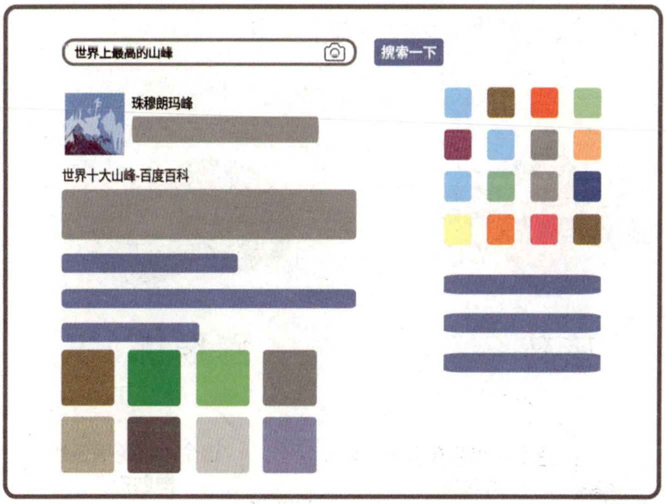

◀ 图 2－1 电脑中的搜索结果

如图 2－1 所示，在电脑中输入问题时，为什么电脑就能马上反馈答案呢？

实际上搜索到的内容是多种信息的融合，机器可以通过搜索互联网、社区网、社会媒体、数据库上的信息得到文本、图片、视频、图表、实体。根据互联网上存在的大数据，进行统计数据学习，从而更好地提供搜索服务。

2.1 初识机器学习

做一做

如图 2-2 所示，这里有三种水果的图片，请仔细观察一下这三种水果，然后根据小 A、小 B 和小 C 的发言，猜一猜他们手里的水果是什么吧！

▼ 图 2-2 人类对于水果的识别

想一想

人类通过什么内容识别出水果是什么的呢？

在上面的活动中，观察水果的过程是一个学习过程。幼年时，通过父母的教导学习和认识各种事物。通过观察图片或者实物，学习每样物品的名称与特点，当学习的次数越多时，记忆就越深刻，这个过程如图 2－3 所示。

◀ 图 2－3 婴儿学习的过程

学习是人类具有的一种重要智能行为，是人工智能的前提。人类通过语言、书本、网络、生活经验等途径进行学习，人工智能同样需要学习才能完成各种任务，人工智能学习的过程称为机器学习。

机器学习是人工智能的核心，是使计算机具有智能的根本途径，现代的计算机视觉、语音识别、自然语言处理等技术的实现都依赖于机器学习。

人工智能在实现一个智能算法时，需要从大量的数据中发现事物的规律。常见的文字、图片、语音等信息都可以称为数据。

如图2－4所示，为了让机器认识香蕉，就需要给机器“看”大量的香蕉图片，让机器发现“香蕉图片”中的规律，从而找到香蕉的特征。机器“看”的香蕉图片越多，对香蕉就越“熟悉”。

▶ 图2－4 机器学习的过程

2.2 机器学习的特点

做一做

使用手机的美颜相机给自己和小伙伴拍一张美颜照片；向智能语音助手介绍一下你自己。

议一议

如图2－5所示，相机是怎样“找到”了脸？智能语音助手又是怎样“听出”了声音？

使用手机自拍时，手机能在图片中标出人脸的位置。这是因为手机中的人脸识别模型已经从千万张人脸图片数据中学习到了人脸图片的普遍规律，因此在使用手机自拍时，手机也能识别出人脸。

▲ 图 2－5 美颜相机与智能语音助手

第一次使用智能语音助手时，智能语音助手从没听过使用者的声音，却能识别语音的内容并做出回应，这是因为智能语音助手已经从无数条的声音数据中学习到了人类发声及对应语义的规律。

从上面两个例子可以看出，机器学习可以通过分析大量已有数据来预测新的数据，所以说机器学习拥有“举一反三”的能力，当数据量足够大时，人工智能就有可能在某些任务中胜过人类。

想一想

人工智能需要从数据中进行学习，因此对数据的数量有着较高的要求，除此之外，你觉得数据还应该满足哪些条件？

2.3 机器学习 VS 人类学习

做一做

如图 2－6 所示，图片的一部分被遮挡住了，这种情况下你还能认出这些是什么水果吗？把被遮挡的水果图片上传到图片识别平台上，计算机能够准确地认出这是什么水果吗？

▲ 图 2－6 局部被遮挡的水果

在 2014 年，就有科学家宣称其人脸识别算法的准确率已超越人类。时至今日，人脸识别算法的性能更是迈入新的高度，人脸识别的情况如图 2－7 所示。然而，以数据驱动的人脸识别算法，在人脸被大面积遮挡的情况下，人脸识别的准确性还是比不过人类。

◀ 图 2-7 机器进行人脸识别

机器学习研究的目的是使机器具有学习能力，但是机器具有智能和机器能够思考毕竟是两个概念。人工智能算法需要从大量的数据中学习事物规则，当缺少数据时，算法效果不佳；作为对比，人类在缺少数据时也可以很快学习新事物，举一反三，去应对变化中的事物，这一点目前机器学习是无法做到的，未来人类与人工智能在学习方面的竞争将持续进行，就如同图 2-8 所示。

▼ 图 2-8 人类 VS 人工智能

评一评

我知道机器学习是指机器通过分析大量的数据掌握事物特征的过程。☆☆☆☆☆

我了解机器学习的特点。☆☆☆☆☆

我能说出机器学习和人类学习之间的差别。☆☆☆☆☆

第三节

计算机视觉

正在识别…
识别结果：栀子花

学习目标

1. 初步理解计算机视觉的含义；
2. 知道现代计算机视觉的原理；
3. 了解并体验计算机视觉在生活中的常见应用。

小 A：哎，手机的锁屏密码又忘记了！

小 B：我的手机“看”到我就会自动解锁（如图 3－1 所示）。

小 A：哇，真神奇！

图 3－1 人脸解锁手机

想一想

手机能“认出”主人的脸并解锁，这是为什么呢?

3.1 初识计算机视觉

人类靠视觉和大脑的处理来感知周围的世界。计算机也拥有视觉，计算机视觉是一门研究如何使机器“看”的科学，更进一步地说，计算机视觉是指用摄影机和计算机代替人实现特定的机器视觉任务，如对目标进行识别、跟踪和测量等，机器在识别之后进一步将拍摄到的图像处理成更适合人眼观察或传送给仪器检测的图像。

20 世纪 70 年代后期，当计算机的性能提高到足以处理图像这样的大规模数据时，计算机视觉得到了正式的关注和发展。发展至今，许多人工智能都已具备视觉系统，依据“看”到的信息完成一定的任务。未来，计算机视觉的最终研究目标就是使计算机能像人那样通过视觉来观察和理解世界。

3.2 计算机视觉的原理

计算机是如何拥有视觉的呢？如图 3 – 2 所示以一个简单的计算机视觉任务为例：有一个红颜色的球，球在草坪上滚动，现在需要对视频中的红球

▲ 图 3－2 对视频中的红球进行定位和追踪

进行定位与追踪。

现代计算机视觉的做法通常是拍摄多张不同光照环境下的红球图片，标定出图片中的红球位置，然后使用这些数据基于视觉算法对计算机进行训练，进而使计算机学习到寻找红球位置的规律。当数据量足够多时，该规律可以泛化到在不同光照环境下，实现对红球的稳定追踪。所以说，现代计算机视觉是靠数据进行驱动的。

议一议

图 3－2 中的球只是一个物体需要识别，当图片中有多个物体需要识别时（比如一张图片中包含不同种类的花），如何去做能够提高计算机视觉的精度和准度呢？

如图 3 –3 所示，当向计算机输入不同种类的花的数据时，计算机可以对花进行分类；当向计算机传入物体检测的数据时，计算机就可以对花进行分类；当向计算机传入看图说话的数据时，计算机就可以实现看图说话的功能。

智能识花

计算机检测物体

计算机看图说话

▲ 图 3 – 3 计算机识别图像

试一试

打开“形色”APP（智能识花），上传花的图片，运行检测，观察输出的结果。

想一想

如果上传了类型不符的图片类（如在识花软件中上传动物图片），会出现怎样的情况？想想这是什么原因？

3.3 计算机视觉的应用

生活中到处存在着计算机视觉的应用，如图 3－4 所示人脸/指纹识别锁、车牌识别闸机、手机淘宝拍立淘等。

▼ 图 3－4 计算机视觉的应用

人脸/指纹识别锁

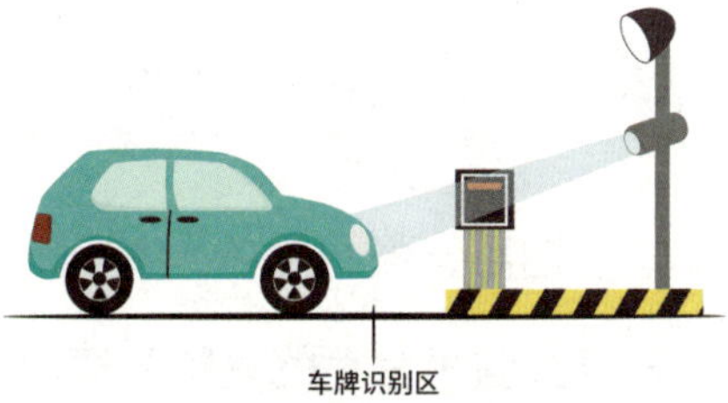

车牌识别闸机

手机淘宝拍立淘

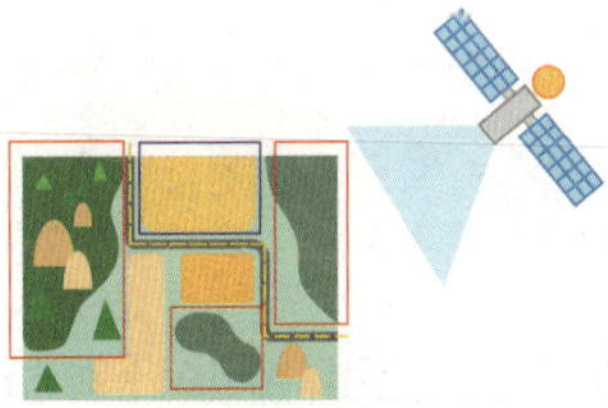

遥感卫星监测

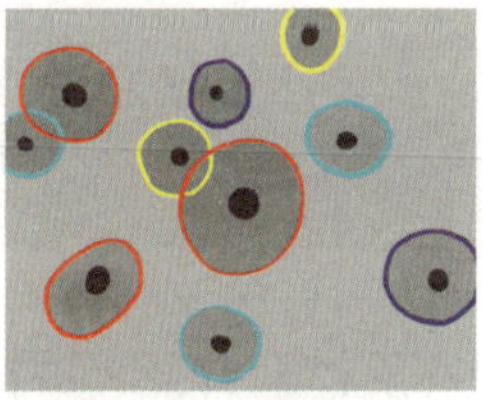

医学细胞检测

红外图像检测

除了以上一些生活中常见的应用外，计算机视觉还在一些特殊领域发挥着重要的作用。如遥感卫星监测、医学细胞检测、红外图像检测等。

小贴士

遥感卫星监测技术，是通过卫星收集环境的电磁波信息对远离的环境目标进行监测识别环境质量状况的技术，它是一种先进的环境信息获取技术，在获取大面积同步和动态环境信息方面“快”而“全”，是其他检测手段无法比拟的。

试一试

拍摄一张同学的大头照，仔细观察其外貌、表情；打开实验平台上的人脸表情识别应用，上传该图片进行识别；对照识别结果，看看你和计算机“看”到的有没有什么异同？

议一议

1. 除了上面介绍的内容外，你还了解哪些计算机视觉的应用呢？

2. 计算机视觉在未来还有可能发展出哪些新的应用？

评一评

我知道什么是计算机视觉。☆☆☆☆☆

我了解现代计算机视觉的原理。☆☆☆☆☆

我能列举出 3 –4 个计算机视觉在生活中的常见应用。☆☆☆☆☆

第四节

语音识别

学习目标

1. 初步理解语音识别的含义；
2. 简单了解语音识别的过程；
3. 了解并体验语音识别在生活中的常见应用。

小 A：嘿，Siri！

Siri：请问需要什么帮助？

小 A：今天天气怎么样？

Siri：请看今天的天气预报。

▲ 图 4－1 Siri 语音识别

想一想

如图4－1所示，Siri不仅听到了声音，同时听懂了声音对应的含义，这是为什么呢？

4.1 初识语音识别

语音识别，就是与机器进行语音交流，让机器明白你说什么，类似“机器的听觉系统”，机器通过识别和理解把语音信号转变为相应的文本或命令。

试一试

在手机记事本中使用讯飞输入法进行语音输入，看看你说的话是不是变成了文字。

小贴士：语音识别技术的发展历史

1952年贝尔研究所Davis等人研制了世界上第一个能识别10个英文数字发音的实验系统，这也被认为是语音识别的起源。

1960年英国的Denes等人研究成功了第一个计算机语音识别系统。

70 年代以后，大规模的语音识别研究开始，在小词汇量、孤立词的识别方面取得了实质性的进展。

80 年代以后，研究的重点逐渐转向大词汇量、非特定人连续语音识别。

90 年代以后，在语音识别的系统框架方面并没有什么重大突破。但是，在语音识别技术的应用及产品化方面出现了很大的进展。

计算机语音识别在 2001 年达到了 80%的准确度。

自 2009 年以来，借助机器学习领域深度学习研究的发展以及大数据语料的积累，语音识别技术得到突飞猛进的发展。

4.2 语音识别的过程

麦克风采集声音→声音保存在计算机中→分析声音特征→识别声母韵母→识别单个汉字或词语→连成一句话。

语音识别是一项复杂的技术，也是个复杂的过程。每个人的语音信号都不一样，如图 4－2 所示展示了一段语音信号，多人一起说话会改变原来的语音信号，杂音、噪音也会对语音信号产生巨大的影响，这些都会对语音识别的精准度造成影响。语音识别技术普及化的最大难点在于语言、方言种类众多，且缺少相关数据模型。

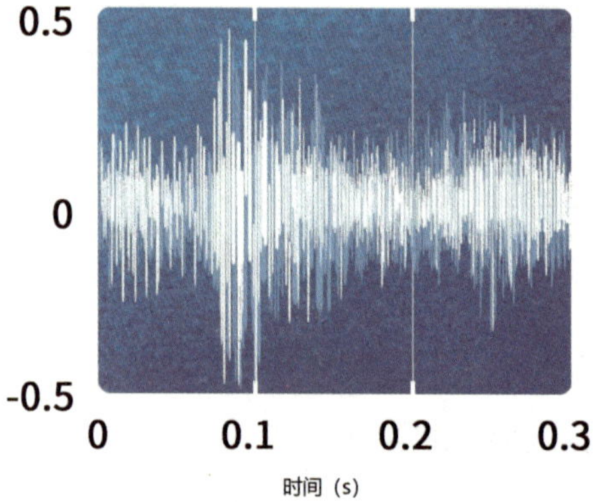

▶ 图4－2 机器“听到”的声音——语音信号

试一试

1. 打开平台的语音识别功能模块，你和同桌说出同样的一句话，各自说一遍再同时说一遍，观察3次输出的波形图有没有什么异同？

2. 分别用普通话和家乡方言、智能音箱进行互动。

想一想

为什么“小度”对方言识别的精准度比普通话低？

4.3 语音识别的应用

语音识别的应用领域非常广泛，常见的应用系统如图4－3所示。

▲ 图4-3 语音识别应用

语音输入系统，相对于键盘输入，更加简单、高效；

语音控制系统，即用语音来控制设备的运行，相对于手动控制来说更加快捷、方便，例如智能家电、声控智能玩具、语音拨号系统等；

智能对话查询系统，根据用户的语音进行操作，为用户提供自然、友好的服务，例如家庭服务、购票系统、医疗服务、银行服务等。

从某种意义上说，语音识别让机器掌握了理解自然语言的本领，即便相对于人类的语言能力还很初级。

现在被大家所熟悉的语音识别应用，还只是语音识别领域的冰山一角，未来将会看到有更多形式的语音识别用于日常生活的各个方面，如图4－4所示。语音识别系统配合无人驾驶汽车，只要你跟汽车说去哪儿，汽车就可以自动载你到达目的地。

▶ 图4－4　未来语音识别技术的应用领域

议一议

1. 日常生活中，你还见过哪些语音识别的应用？

2. 结合你所学习的人工智能知识，大胆想象，未来还可能出现哪些语音识别技术的应用？

评一评

我知道什么是语音识别。☆☆☆☆☆

我能说出语音识别的过程。☆☆☆☆☆

我能列举出3－4个语音识别在生活中的常见应用。☆☆☆☆☆

第五节

机器人与机器人控制

前方障碍物

学习目标

1. 初步认识机器人并了解机器人的应用；
2. 知道机器人的组成部分和各部分的作用；
3. 简单了解机器人控制的方法和过程。

小 A：小 B，开车好累呀！要是汽车能自己行驶就好了。

小 B：你说的是无人驾驶汽车吧，无人操作也能安全行驶哦。

普通驾驶与无人驾驶的情况，如图 5－1 所示。

▲ 图 5－1 普通驾驶与无人驾驶

无人驾驶汽车，是智能汽车的一种，也称为轮式移动机器人，主要依靠车内复杂的计算机系统来实现无人驾驶的目的。

想一想

人在驾驶汽车时，需要靠眼睛时刻观察前方道路信息，靠大脑时刻判断汽车有没有偏离道路，靠双手操作方向盘修正行驶方向，缺少任何一个环节，汽车都将失控，引起交通事故。那在没有人操作的情况下，如何控制汽车在道路上自动行驶呢？

5.1 初识机器人

机器人是指靠自身动力和控制能力来实现各种功能的一种机器。近年来，机器人的开发涵盖了许多领域，如图 5－2 所示。

议一议

生活中，还有哪些领域使用了机器人？机器人还可以辅助人完成哪些任务呢？

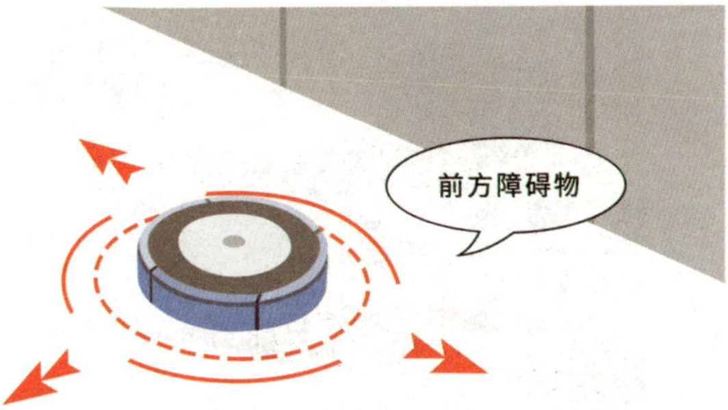

扫地机器人

生产线上的机器人

无人机

无人配送车

人形机器人

▲ 图5－2 机器人在各个领域的应用

5.2 机器人的组成

机器人基本由三大部分组成，分别是机械部分、传感部分和控制部分，如图5－3所示。

机械部分

传感部分

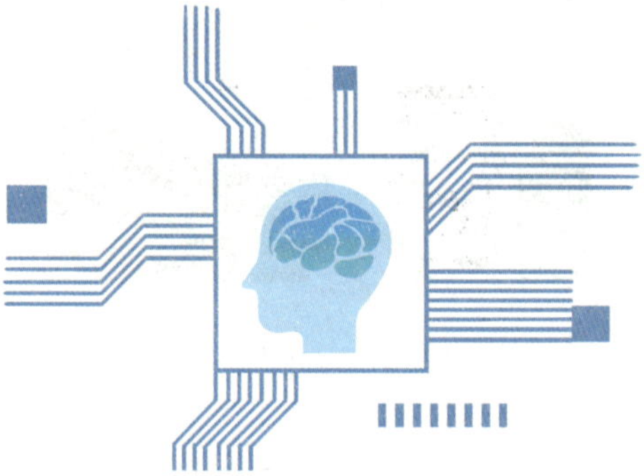

控制部分

▲ 图 5－3 机器人三大部分

机械部分：机械部分是机器人赖以完成作业任务的执行、运动机构，机械部分的种类很多，用途、构造、工作原理各不相同。

传感部分：由内部传感器模块和外部传感器模块组成，获取内部和外部环境中有用的信息。

控制部分：根据机器人的作业指令以及从传感器反馈回来的信号，支配机器人完成规定的运动和功能。

看一看

仔细观察机器人小车，你能说出各部分的名字和作用吗？

5.3 机器人的控制

机器人的控制是一个由控制部分、传感部分和机械部分共同协作完成的复杂过程。简单来说，机器人的控制过程就是“感知→决策→执行”的循环，如图 5－4 所示。

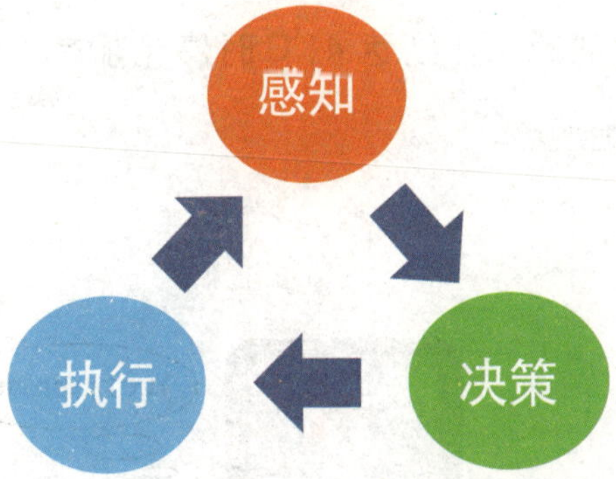

◀ 图 5－4 机器人控制过程示意图

感知：通过机器人的传感部分感知外界信息，类似于人开车时，需要靠眼睛时刻观察前方道路的信息一样。

决策：机器人的控制部分会根据感知的外界信息进行决策判断，类似于人开车时，要时刻判断汽车有没有偏离道路，需要不需要做出方向修正。

执行：根据决策指令，由机器人的机械部分做出对应的行动，类似于人开车时，用手把握方向盘那样。

看一看

让小车在复杂的跑道上平稳行驶，简单说说它是如何做到的？

机器人通过不断重复以上的感知、决策、执行的过程，来完成一系列的指令和要求，进行相应的行动。所以，循环控制对于机器人的行为起着非常关键的作用，如图 5 –5 所示，没有循环控制时，热水会不停地加热，并且询问什么时候停止好呢？而有循环控制时，热水器会不断地进行判断，当到达 41℃时停止加热，低于 41℃时，又开始加热。

▲ 图 5 – 5 两种状态下的热水器

议一议

1. 脱离循环控制，机器人会怎样呢？

2. 大胆想象，如果有更加精准、细致的机器人控制，未来还可能出现哪些机器人的应用？

评一评

我知道什么是机器人。☆☆☆☆☆

我能列举出 3 –4 个机器人在生活中的常见应用。☆☆☆☆☆

我知道机器人的 3 个主要组成部分。☆☆☆☆☆

我能说出机器人控制的主要过程。☆☆☆☆☆

第六节

拥抱人工智能时代

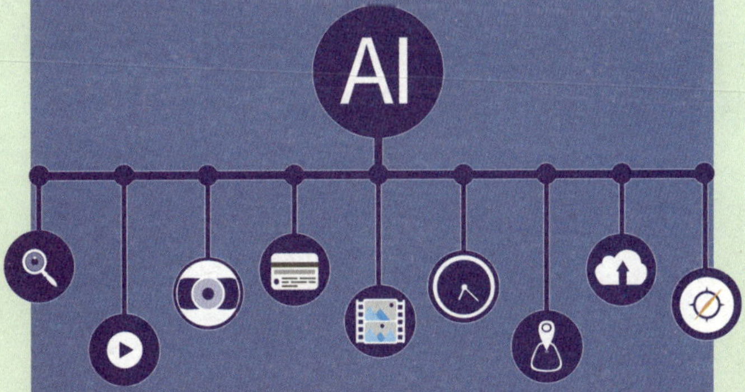

学习目标

1. 清楚地知道人工智能对于人类既是机遇又是挑战；
2. 简单了解人工智能时代下需要具备的基本素养；
3. 能够理解人工智能时代下的伦理道德问题。

小 A：人工智能好厉害呀，身处这个时代真幸福。

小 B：人工智能也不是万能的，作为小学生，更要做好身处人工智能时代的准备。

人工智能确实已经渗透到生活中的方方面面，如图 6－1 所示。

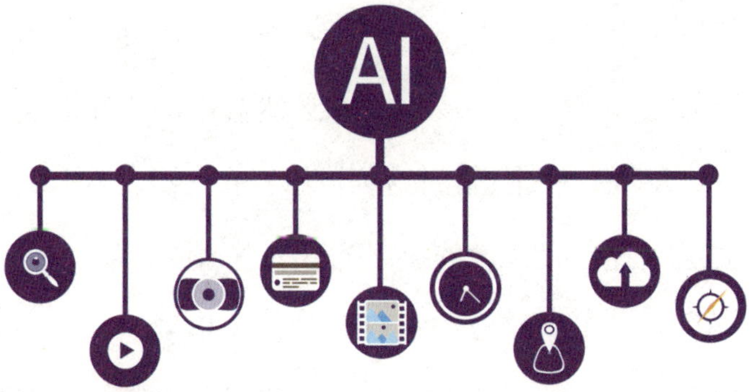

◀ 图 6－1 人工智能在生活中各方面的应用

想一想

人工智能时代已悄然而至，带来了很多机遇，但同时也充满了挑战。未来人工智能还将不断地发展，身处人工智能时代该如何应对呢?

6.1 人工智能时代的机遇与挑战

人工智能的发展为工作、生活的方方面面都带来了极大的便利。未来，在人工智能的协助下，工作效率会大大提高，这就意味着工作的时间会大大缩短，从而节省出更多的时间做自己喜欢的事情；家庭人工智能会把生活安排得井井有条，晚上回家就能吃到一顿香喷喷的晚饭，家里的卫生也会被打扫得干干净净。

人工智能的出现，解放了人类的双手，让机器替代人去生产、工作，生产效率会大大提升。在未来的几十年内，科技的发展必然会推动人工智能进一步发展，许多机械性操作也会被机器人取代，这就意味着会有大量的手工操作者失业。

人工智能就像一把双刃剑，不但要了解它、正视它、用好它，并且在人工智能时代，要努力提高自身基本素养，不落后于时代。

议一议

未来人工智能还可能带来怎样的改变？产生怎样的影响呢？

6.2 人工智能时代的基本素养

1. 数据素养

数据素养，就是处理信息的能力。互联网已遍布世界的每一个角落，全世界是一个互相联系、互相制约的整体。随着物联网、大数据的应用，社会进入数据化的时代，人工智能更是包含了大数据的处理。如何从庞大的数据流中提取有效信息，进行处理、分析，并将数据转化为利于决策和判断的依据，是人工智能时代不可或缺的基本素养之一，如图 6－2 所示，目前每个人都身处数据的时代。

◀ 图 6－2　人类身处数据的时代

2. 工程素养

工程素养是指从事工程实践的工程专业技术人员的一种能力，是面向工程实践活动时所具有的潜能和适应性，其中包含改装机器与设计机器的能力。工程素养强调拥有较强的动手实践能力，并能够在技术实践中自我反馈并加以修正，不断改进，如图 6－3 展示的动手实践场景，就属于工程素养包含的能力。

▶ 图 6－3　工程素养驱动下的动手实践

3. 合作素养

合作是个体在认同团队或组织共同愿景的基础上，积极主动承担分内职责，并本着互尊互利的原则、通过与团队不同成员间的平等协商，灵活地做出妥协、解决争议，实现共同目标的过程。未来任何一项复杂的技术，不可能由一个人独立完成，必然涉及具体的创意、设计、落实等环节，人工智能说到底还是由人类研发的，所以与人打交道是人工智能发展道路上必不可少的重要环节。一个具有合作素养的个体，能够主动与他人或群体有效配合、协同行动，实现共同目标。

议一议

你觉得身处人工智能时代，还需具备哪些素养或能力呢？

6.3 人工智能时代的伦理思考

小朋友们是不是已经试过人脸解锁手机了？是不是尝试过刷脸购物了？玩过人脸识别的动物表情小游戏了？如果都有的话，那么想必咱们可以达成一个共识：AI 在人脸这件事上已经越来越熟悉啦。除了人脸识别，AI 还可以做到更神奇的事——给人换脸。

试一试

打开实验平台上的换脸功能模块，拍摄同学的大头照上传，观察输出结果。试想一下如果 AI 可以做到完美的换脸，会出现什么情况？

其实现在所处的人工智能时代还只是弱人工智能时代，距离强人工智能时代还很遥远，所以当下，关于弱人工智能的伦理问题被广泛关注。

弱人工智能指的是不能制造出真正的推理和解决问题的智能机器，这些机器只不过看起来像是智能的，但是并不真正拥有智能，也不会有自主意识。

强人工智能指的是能够制造出真正能推理和解决问题的智能机器，并且机器是有知觉的，有自我意识，可以独立思考问题并制定解决问题的最优方案，有自己的价值观和世界观体系。有和生物一样的各种本能，比如生存和安全需求。

议一议

如图 6－4 所示，一辆自动驾驶汽车正在穿过一座狭窄的桥。这时，一个小孩突然从前面跑了出来。汽车停下来已经太迟了。它能做的只有前进，将小孩撞飞，或者转弯，把自己和乘客送到下面奔流的河里。它应该怎么做？

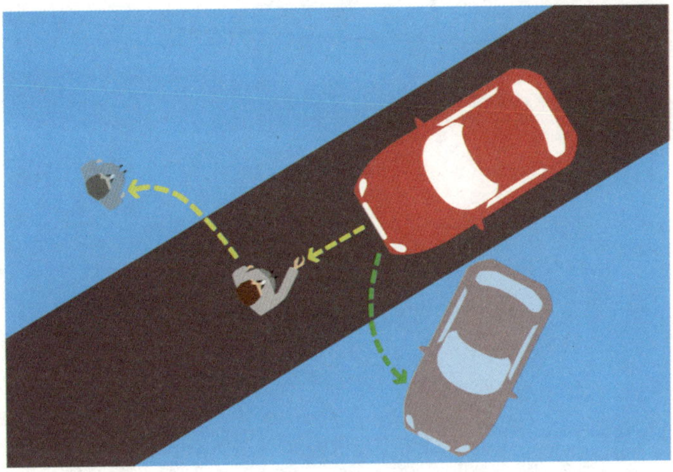

◀ 图6－4 自动驾驶汽车处理特殊状况

针对以上类似的问题，需要明白，人类从制造劳动工具开始，工具就已经变成了自己的延伸。工具本身的智能水平有限，并不能拥有完全的自主性，所以机器人无论造成什么后果，责任主体依旧是制造和控制机器的人类。

评一评

我能理解人工智能时代是机遇和挑战并存的。

☆☆☆☆☆

我知道人工智能时代所需的三个基本素养。

☆☆☆☆☆

我对人工智能时代的伦理道德有所思考。

☆☆☆☆☆

第七节

听歌识曲

用哼唱差距很大，也能识别吗？

学习目标

1. 了解音乐音频转换成乐谱的过程；
2. 初步了解听歌识曲的原理。

如图 7－1 所示，根据音乐的旋律，就能自动搜索到音乐，这么神奇的技术是怎么实现的呢？

▼ 图 7－1 听歌识曲

7.1 初识音乐的处理

众所周知，每个人的指纹都不一样，每段音乐也都有自己独特的特点，技术人员可以将音乐转换成声谱图。

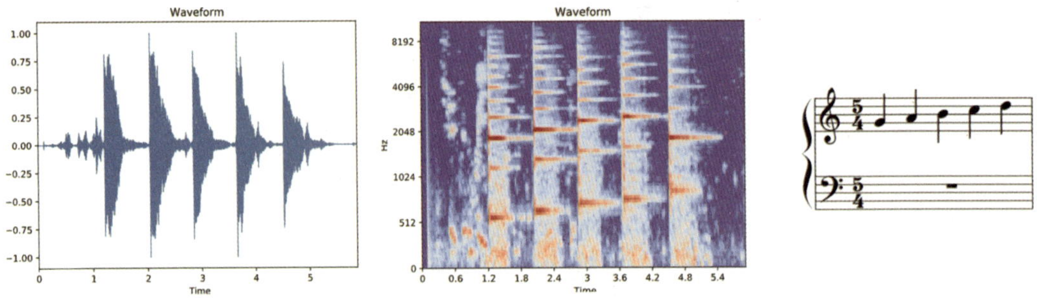

原始音乐　　声谱图　　乐谱

▲ 图 7－2　音乐的不同表现形式

如图 7－2 所示，原始的音乐在经过转换成为声谱图之后，一些音符的节奏和音色就可以被发掘出来。在经过计算机的转换之后就可以得到乐谱。

做一做

打开“库乐队”APP，选择采样器功能。点击“开始”录制一段你自己的声音。按下不同的钢琴按键，之前的声音就会被转换成为对应的音高，也就是不同频率。

尝试录制一段你自己的音频，按下不同的琴键来听一听不同频率的声音吧。

7.2 音乐搜索的应用

每当新的音乐加入计算机的音乐库时，计算机会将音乐的音频转化成为乐谱这样便于理解的数据，这些数据还会进一步转化为更抽象的数据并储存起来。

当启动“听歌识曲”时，音乐软件会将听到的声音转换成为计算机可以理解的信息。之后计算机会在自己的数据库中寻找与它最为接近的音乐并将结果输出给用户。这样，计算机就输出了它“认为”对应的音乐，如图 7－3 所示。

音 乐	计算机储存的内容	计算机听到的内容：(1.1, 11.8, 2.5, 3.3,…)
	(1,12.2,3,…)	接近，匹配
	(1,4,3,-2,…)	不接近

▲ 图 7－3 计算机听歌识曲过程

做一做

1. 使用音乐 APP 的听歌识曲功能，测试一下老师播放的音乐是什么歌曲。

2. 假如有的音乐只会哼唱能识别吗？如图 7－4 所示，使用音乐 APP，尝试哼唱一首歌。看 APP 是否能够正确识别？

▲ 图7－4 哼唱识曲

想一想

怎样才能提高识别的正确率？

小贴士：音乐识别的其他用途

音乐识别技术意味着计算机能“听懂”音乐的内容，目前除了前面提到的音乐搜索之外，该技术还应用在下列方面：

音乐推荐系统：根据所听的音乐内容，自动推荐类似音乐；

音乐自动生成：让计算机能“创作”特定类型的音乐；

音乐自动分类：根据音乐的类型对音乐进行自动分类；

音乐监控：音乐制作公司可以对各广播电台播放的内容进行数据分析。

7.3 拓展与思考

音乐搜索功能还能够用在生活中的哪些方面呢，和你的小伙伴一起讨论一下，把你们的讨论成果写下来吧。

评一评

我知道音乐识别的基本步骤。☆☆☆☆☆

我能熟练地向别人介绍“听歌识曲”功能的原理。☆☆☆☆☆

第八节

人脸聚类

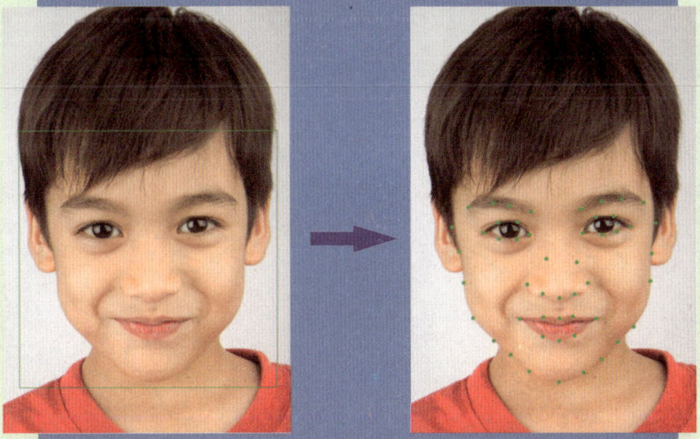

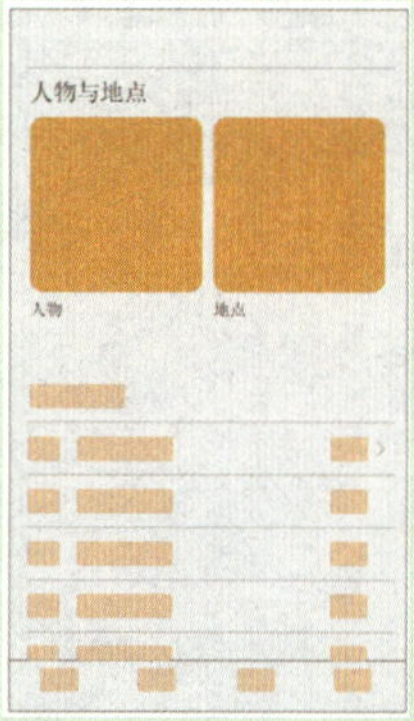

学习目标

1. 了解人脸聚类技术的应用场景；
2. 会使用聚类技术分类照片。

如图 8－1 所示，在相册中安装聚类的功能，可以把相似的照片归类到一起：例如所有人像会被归为一类，而所有景物会被归为另一类。

▲ 图8－1 相册中的聚类

8.1　初识聚类

聚类就是将一些物体按照相似度进行分类的过程。

聚类算法可以计算出多个物体彼此之间的相似度，把相似度高的事物分在一个类别之中。

做一做

老师给同学们发放一批卡片，上面写了不同的垃圾的名称。

现在大家把这些垃圾分为四类，看一看结果如何？分成三类和两类呢？

想一想

聚类应用到人脸图片上会有怎样的效果呢？应用后的相册如图 8－2 所示。

▶　图 8－2　相册对人脸的聚类

8.2 聚类的应用

人脸聚类是聚类的一个经典应用，可以将同一个人的照片聚在一起。使用“人脸聚类”能快速找到属于自己的照片。

做一做

初步体验“聚类”。如图 8－3 所示，打开手机相册，进入“相簿”，这里将照片按照人物和地点进行了聚类，体验这里的人物聚类。

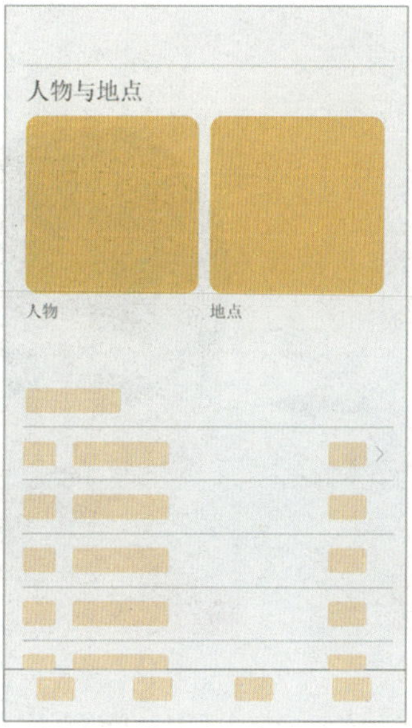

◀ 图 8－3 相簿 APP 中人脸的聚类

想一想

计算机程序是如何实现聚类的功能的呢？

8.3 人脸聚类的过程

简单讲，聚类是将手机中所有照片的人脸两两之间做人脸对比，再根据相似度进行分析，将同一个人的照片放在一个组中，从而找出照片中某一个人的所有照片。

实际上，人脸聚类的过程要复杂得多。

1. 首先需要从照片中检测到人脸。利用算法在图像范围内扫描，再逐个判别候选区域是否包含人脸。

2. 找到人脸后，利用特定的模型从人脸图片中提取特征如图 8－4 所示，将人脸图片转化为一系列固定数值。

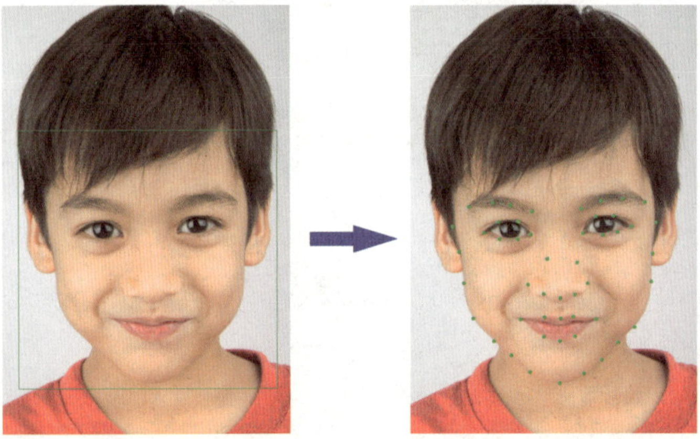

▶ 图 8－4 提取人脸特征

3. 进行人脸比对，核对两个脸之间的相似度。当相似度达到一定的数值就认为两个人脸属于同一个人，这个过程如图 8－5 所示。

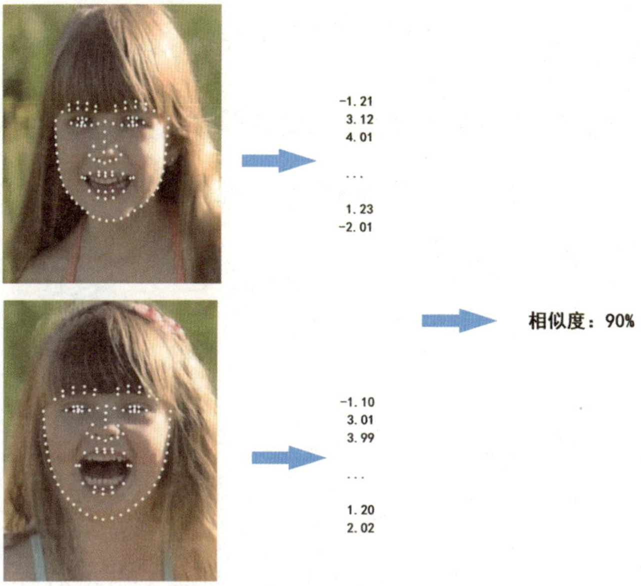

◀ 图 8－5　人脸相似度判别

4. 将某个人脸与所有照片中的人脸进行比对，将后根据比对后的相似度对人脸进行排序，将同一个人划分到同一个组内，如图 8－6 所示。

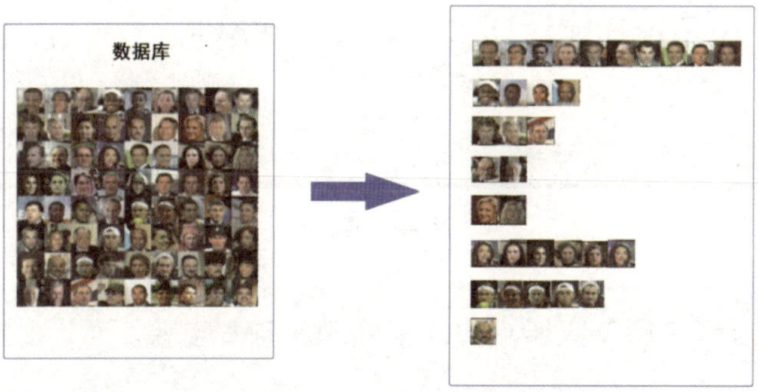

◀ 图 8－6　根据相似度对人脸进行聚类

做一做

体验“聚类”：拍摄多张自己的照片或者使用以前拍摄的照片，一起上传到照片库中。现在启用人脸聚类的功能，看一看计算机是否能够将同学们各自的照片分别划分出来。

小贴士：人脸聚类的步骤

人脸聚类功能需要使用各种人工智能算法，聚类的步骤如下：人脸检测→人脸配准→人脸特征提取→人脸对比和识别→人脸聚类。

8.4 拓展与思考

安装了人脸聚类的功能之后，即使手机里有很多的照片，也能很快地把同一个人的照片全部筛选出来了。除此之外，聚类在照片中还有些什么样的运用呢？人脸聚类功能还能应用在哪些场合？想想看，说不定你能设计出一款独特的 APP。

评一评

我了解了人脸聚类功能实现的基本步骤。

☆☆☆☆☆

我能利用聚类功能对照片进行分拣。

☆☆☆☆☆

第九节

智能 AR 体验

学习目标

1. 了解 AR 技术的两种实现方法；
2. 了解 AR 在生活中的应用。

▲ 图 9－1　AR 技术的讨论

如图 9－1 所示，展示了 AR（增强现实技术）的使用，AR 是指将真实世界的信息和虚拟世界的信息进行结合的技术。手机中的 AR 主要是将虚拟的信息渲染到真实的世界中。

9.1 初识 AR 技术

游戏中的角色并不是真实存在于世界中的，AR 技术是如何让虚拟的物体随真实世界中的移动而改变的呢？

早期 AR 技术不成熟的时候，需要在视野中放置一些二维码作为标志物，如图 9－2 所示，每一个二维码代表了一个平面，这样计算机就可以根据二维码对应的平面来渲染了。

▶ 图 9－2　早期 AR 中二维码的应用

现在的 AR 可以利用人工智能，不依赖二维码来自动从图像中找出平面进行渲染。具体的实现方法是，计算机会抽取动态视频中的单帧图片，通过关键点的识别和匹配从而找到平面。在知道了平面的位置之后就可以把虚拟的画面渲染到平面上了，如图 9－3 所示。

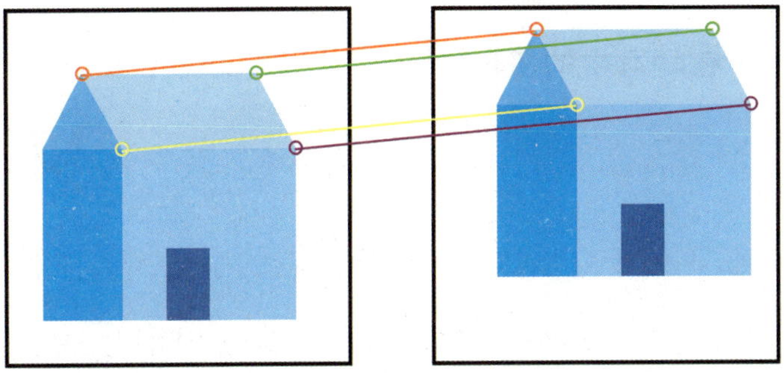

◀ 图 9－3　关键点的识别与匹配

试一试

如图 9－4 所示，市面上出现了很多运用 AR 技术的游戏，请在老师的帮助下玩一玩手机上的 AR 游戏吧。

▲ 图 9－4　AR 产品的体验

9.2　AR 技术的应用

更高级的 AR 应用可以把虚拟的信息展示在现实世界中辅助专业的工作。

AR 在学习中的应用

亲身经历是最有效的学习方式之一，不过有些场景不便于直接体验，比如浩瀚的宇宙，人体骨骼的结构，发动机的内部结构等。使用增强现实技术，这些都可以亲身体验。AR 还能够虚拟出两栖动物，无须伤害，就能剖析两栖动物。

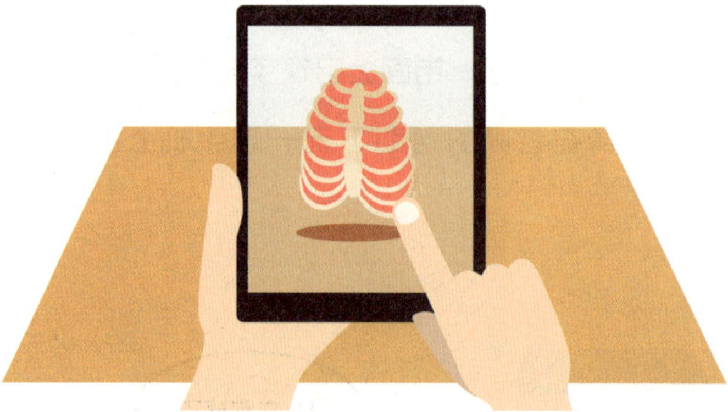

▶ 图 9－5 Complete Anatomy 的应用

如图 9－5 所示，Complete Anatomy 这款应用可以深入人体内部，细致了解身体的各个部分。

▶ 图 9－6 WWF Free Rivers

如图 9－6 所示，使用 WWF Free Rivers 可以在现实世界建造一个虚拟的河流，可以控制河水的流动，探索这些河流如何影响动植物和人类的生活。看看截流建坝会对生态造成什么影响。

AR 在工作中的应用

▲ 图 9－7 Measure-AR 的情景

如图 9－7 所示，“Measure-AR”可将您的 iPhone 手机或 iPad 平板镜头瞬间变成一把精准的量尺，还可以通过相机拍照将测量结果保存在相册里。类似的 APP 还有“测距仪”、“AR 尺子”等等。

做一做

选择上面提到的应用，测试教室的长宽高等数据，并做成图片进行汇报。

AR 在生活中的应用

▲ 图 9 – 8　AR 特效相机

如图 9 –8 所示 AR 特效相机，在拍摄的同时将形态各异的 3D 模型叠加到现实场景中，能够生成 AR 特效自拍。类似的 APP 有 CamAR、神奇 AR、Monster Park 等等。

做一做

选择一款 AR 特效相机，拍摄一张 AR 特效自拍，在班级里展示自己的照片。

如图 9 –9 所示，使用实景 AR 翻译软件，无须拍照再识别图片中的内容，直接对镜头中的文字内容实时翻译，使用到了动态追踪、神经网络翻译、AR 渲染等技术。相关的 APP 有谷歌翻译、有道词典。

▲ 图 9－9 实景 AR 翻译软件

使用谷歌翻译和有道词典的实景翻译功能，翻译一下如图 9－10 所示指示牌的内容。你也可以在网上搜索一个外文街道名、一个菜单或者是一本外文书，使用实景翻译功能翻译成不同的语言。你更喜欢哪个 APP 的翻译功能？

◀ 图 9－10 待翻译的图片

AR 在导航中的应用

利用 AR 技术将导航地图变成 3D 效果，就像是身临其境一样，再也不需要担心迷路啦！增强现实技术非常实用，是处理日常事务的好帮手。你可以量一量现实世界中的物体；或者看一看家具摆在家中会是什么效果；也可以抛开地图，用它在复杂的环境里导航。现在，有了增强现实技术，你可以实现许多过去难以想象的事情，探索全新方式处理日常的大小事务。你会发现，那些琐碎的事务，居然如此充满乐趣。

做一做

AR 技术与生活息息相关，传统的方法中，每次使用导航软件，用户必须先找到出发的方向。在临近目的地的时候，常常还需要自己寻找目标在哪一侧，这都体现了导航软件的局限性。融入 AR 系统后，类似的问题得到了一定程度的解决。打开手机导航软件，设置终点并打开 AR 导航模式，看一看导航软件是如何指示路径的，如图 9－11 所示。

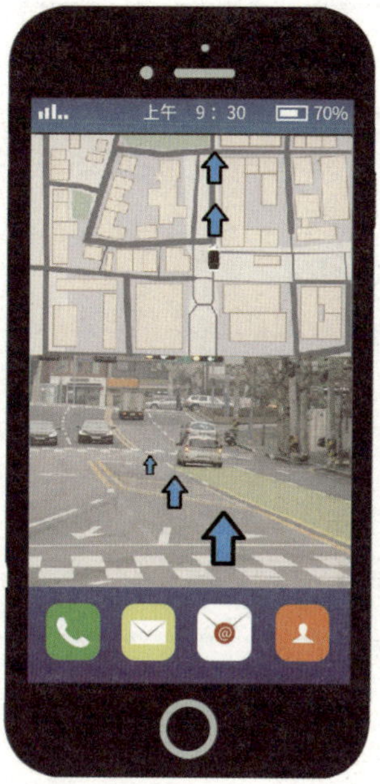

◀ 图 9－11　AR 导航软件示意图

9.3　拓展与思考

AR 技术可以借助摄像头，将虚拟的 3D 物体、图片、视频、声音等等元素巧妙“融合”在现实环境中，并且你还能与它们交互。这使得现实世界可以和虚拟物件无缝结合，无论是看起来还是玩起来都非常科幻，奇妙无比！

跟你的小伙伴一起讨论，增强现实技术还能应用在什么场景。

评一评

我了解增强现实技术（AR）实现的基本原理。

☆☆☆☆☆

我能利用 AR 工具实现测量功能。☆☆☆☆☆

我能利用 AR 工具创作特效图片。☆☆☆☆☆

我能利用 AR 工具进行实景翻译。☆☆☆☆☆

我能利用 AR 工具实景导航。☆☆☆☆☆

第十节

GPS 与智能导航

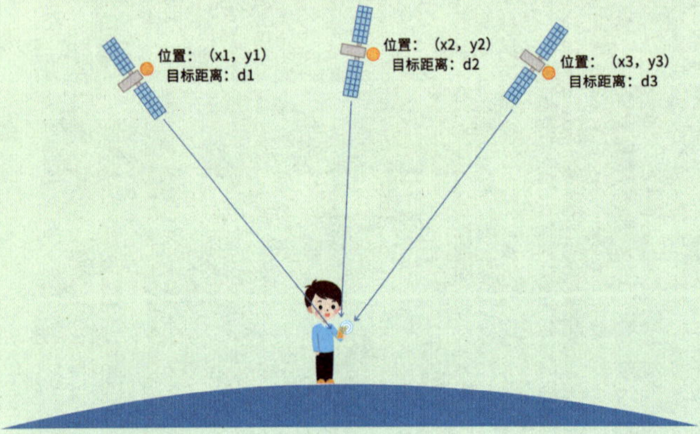
位置：（x1，y1）
目标距离：d1
位置：（x2，y2）
目标距离：d2
位置：（x3，y3）
目标距离：d3

学习目标

1. 了解定位的原理；
2. 了解导航的功能；
3. 了解智能导航的算法。

◀ 图 10－1　智能导航

10.1 初识定位原理

定位是通过人造卫星实现的。发射多枚人造卫星后，手机这样的设备就能够和卫星进行通信。其中一种实现定位的方法是多个卫星同时测量自己到手机的距离，再通过自己的位置定位手机。这种定位方法叫作“单点定位”，如图 10－2 所示。还有一种用两个以上的地面设备来进行定位的方法叫作“差分定位”，这种方法更为精准，但是也更复杂，如图 10－3 所示。

▲ 图 10－2 单点定位

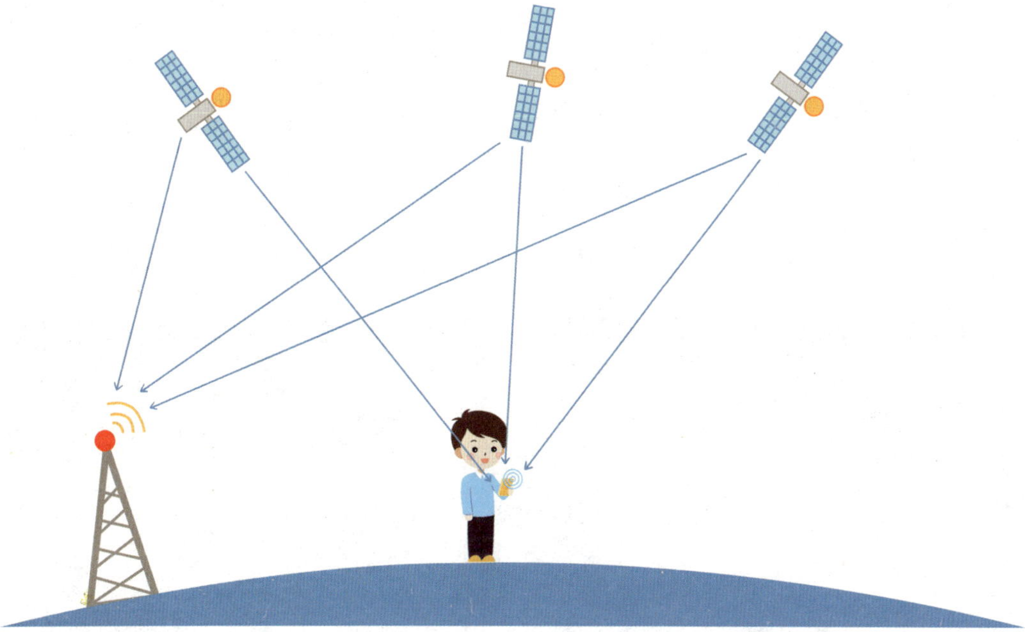

▲ 图 10－3　差分定位

想一想

如图 10－4 所示，同学们思考一下，定位与人工智能有什么关系呢?

▲ 图 10－4　定位与人工智能

10.2 导航的功能介绍

当定位了自己的位置以及目的地的位置之后，起点和终点就呈现在了地图上，接下来就要寻找最快的路径，如图 10－5 所示。

▼ 图 10－5 不同的导航路径花费时间对比

寻路算法可以计算出起点到终点的最快通行方案。有时两点之间的路径距离不是判断的唯一依据。人工智能程序能够整合各种因素来计算路线的“费用”并找到综合费用最小的路径，例如下班放学的高峰路线在拥堵时，导航系统就会引导使用者避开拥堵的路段，如图 10－6 所示。

▼ 图 10－6 导航重新规划路线

导航系统时刻依据使用者的所在位置给出导航指令，当使用者偏离路线的时候，导航系统也要重新规划路线进行导航。

10.3 智能导航的算法思想

从一个地点到达另外一个地点会有大量的可能路线，逐个地点进行计算会消耗大量的时间，具体情况如图 10－7 所示。这样显然是不合理的。

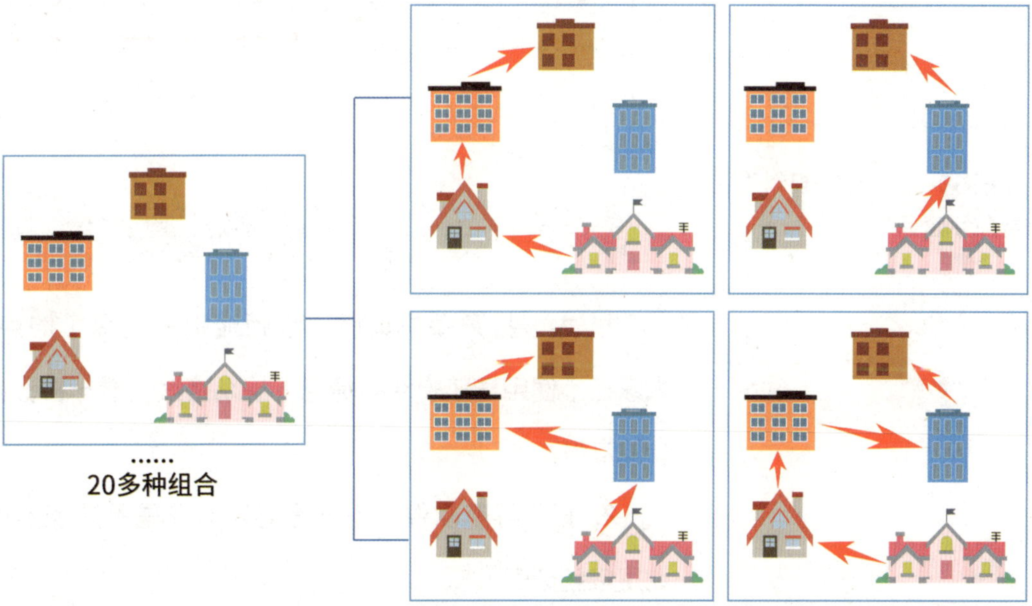

▲ 图 10－7 大量可行导航路线示意图

这种情况下计算机会需要使用特定的算法来更好地完成计算。动态规划是一种寻路问题常见的算法，它的思想大概是将庞大的问题转变为小的问题。对小的问题进行计算之后就可以解决庞大的问题并且避免多次重复计算，如图 10－8 所示。

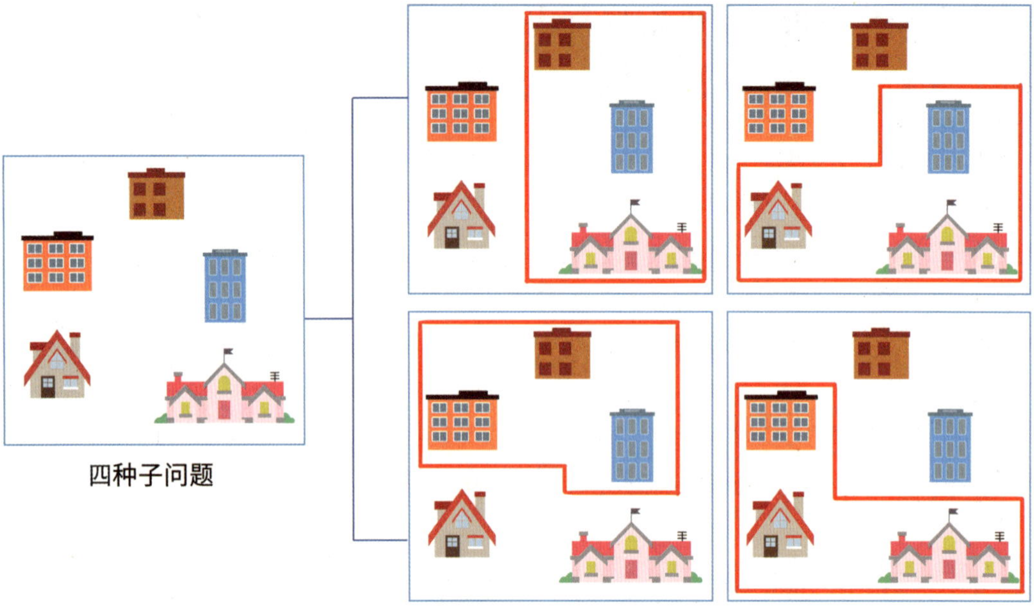

▲ 图 10－8 动态规划下的导航示意图

做一做

1. 大家打开手机地图，老师随机指定两个地点，大家在不使用导航软件的情况下规划路线，看一看谁设计的最好。

2. 打开导航软件，看一看导航软件是不是能准确地定位到你的位置。

3. 你想到哪个城市旅游？使用百度地图、高德导航等软件看看从自己所在的位置出发的路线。导航软件提供了几个方案？你能根据导航软件提供的信息完成下面的表格吗？

目的地			
交通方式			
路线	1	2	3
距离（km）			
选择路线			
选择理由			

4. 听老师介绍斐波那契数列及其动态规划算法。计算 x＝10 的斐波那契数，试着比较，从 1 开始计算到 10 的方法与老师给出的方法，哪一种计算得比较快。

小贴士：定位和导航系统

GPS 最初是由美国军方开发，后来转作民用的系统，中国也拥有“北斗系统”。中国北斗卫星导航系统（BDS）是中国自行研制的全球卫星导航系统，是联合国卫星导航委员会已认定的供应商。

做一做

成立研究小组，搜集北斗导航系统的资料，向大家汇报“北斗系统”的相关情况（可以借助图片、网页、PPT 等形式辅助陈述）。

想一想

为什么已经有了免费的 GPS 导航系统，我们国家还组建了自己的北斗导航系统呢?

评一评

我了解导航软件的基本功能。☆☆☆☆☆

我了解导航软件的重要性。☆☆☆☆☆

我能根据实际选择合适的路线。☆☆☆☆☆

第十一节

智能摄影

学习目标

1. 了解人工智能技术在摄影中的应用；
2. 能进行背景虚化、人脸美化等操作。

▲ 图 11 -1 逆光拍照结果

逆光拍照的时候，因为背景过于明亮，容易把人拍成黑脸，如图 11 -1 所示。遇到这样的照片，可以将照片拷贝到电脑，借助于 Photoshop 等软件调整阴影的数值。

11.1 初识图片美化

做一做

拍摄一张人像照片，打开美图秀秀 APP，把人像圈出来并调节亮度等属性。看看修改出一张人像需要花多少时间。

如图 11 –2 中类似的这样，普通修图师一天修 100 张图片已经是非常快的速度，而运用人工智能技术，简单场景处理时间是 0.3 秒左右，服务器一天能够处理 10 多万张图片。

▲ 图 11 –2 修图前后对比

试一试

打开“美图秀秀”APP，拍一张自己的照片。试一试用瘦脸美瞳的功能来美化自己刚才拍摄的照片。

有些使用了人工智能技术的拍照 APP 有自动修正功能，试试看吧。打开“Faceu 激萌”或类似 APP，再拍一张看看，如图 11 –3 所示。

▲ 图 11－3　自带美颜功能相机拍照展示

通过实验发现，图片瞬间就被修复好了，比起使用 Photoshop 手动修图快了很多，这就是人工智能在摄影中的应用之一。

智能修图的原理是这样的：首先智能 APP 将照片中的人像、物体与其他背景区分开；然后智能 APP 对图片进行校正、调整和参数修改；最后得到修改好的图片，这个过程如图 11－4 所示。

▲ 图 11－4　AI 图像处理实例图

议一议

你认为人工智能图片美化和人工制作的图片美化哪一种的效果看起来更好？为什么？

小贴士

智能摄影是将照片作为输入，通过融合或者风格化等手段对照片进行修改，生成新的照片的一门科学。

景深是摄影机镜头或其他成像器前沿能够取得清晰图像的成像所测定的被摄物体前后距离范围。在下一节中将会讨论景深大小图片的对比以及了解用虚化来模拟景深。

11.2 智能摄影背景虚化

如图 11－5 中左图，展示的是背景虚化的效果，景深比较小，可以用来突出拍摄的主体；右图的景深比较大，一般用来拍摄风景。在几年前拍摄虚化背景的照片是单反相机的专利，需要使用大光圈的镜头，这些设备价格往往都很昂贵，价格能高达上万元。

▲ 图 11-5 背景虚化与不虚化照片对比

背景虚化的实现有赖于人工智能物体检测的能力。智能手机能检测出人体或者其他物体的边缘区域，将背景区域进行虚化显示，实现大光圈的效果。下面以华为手机为例体验一下吧。

做一做

打开相机 APP，选择“大光圈”模式，给你的朋友拍几张美照吧。

11.3 美颜贴纸

一些拍照 APP 允许使用者在人像上自动加上美颜贴纸。使用“Faceu 激萌”拍照可以给照片中的人物加上好看的贴纸，给自己、小伙伴或者老师拍几张照片吧，如图 11-6 所示。

◀ 图 11－6 为照片添加贴纸

美颜贴纸需要使用人脸关键点检测技术，精准定位人脸关键部位并精准跟随，明确人脸轮廓及眉、眼、鼻、嘴等各关键部位，如图 11－7 所示。之后计算机只需要把各种贴纸放置到对应的人脸位置，就可以制作出美颜贴纸。

◀ 图 11－7 美颜贴纸使用到的技术

做一做

打开相机 APP，选择智能贴纸的功能，把贴纸和特效都加到照片上吧。

11.4 拓展与思考

当智能摄影和物体检测结合使用时，可以制作出例如背景虚化的应用，突出拍摄的主体。想一想，物体检测和智能摄影结合还能得到什么应用呢？

评一评

我了解人工智能技术在摄影中的应用。

☆☆☆☆☆

我能熟练操作美颜软件。☆☆☆☆☆

第十二节

推荐系统

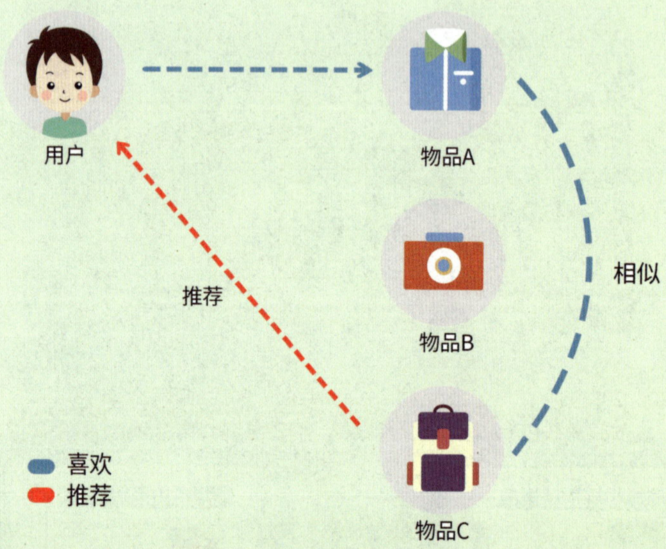
用户
物品A
物品B
物品C
相似
推荐
喜欢
推荐

学习目标

1. 了解推荐系统的应用；
2. 初步理解推荐系统的原理。

▲ 图 12－1　不同的人推荐的结果

如图 12－1 所示，同样的购物系统，给 A 同学推荐的是他喜欢的新书，给 B 同学推荐的却是一台智能手机，为什么两个同学收到不同的推荐？

这里发挥作用的是推荐系统，那么推荐系统是根据什么做出推荐的呢？

做一做

初步体验"推荐系统"：任意打开一个购物 APP，以"人工智能书籍"为关键词搜索相关的图书，选择一本喜欢的图书，查看图书详情，向下拉动页面，寻找一下 APP 为你推荐的其他相关书籍。

12.1 初识推荐算法

为什么要有推荐系统呢？如果你经营了一间超市，用户要来购买电吹风机，那么营业员就要热情地向用户推荐热卖的电吹风机，以便于用户做出选择。还可以推荐相关联的产品，比如卷发棒、电源插座、梳子等相关产品，实现销售额的提高。

网店上没有营业员，怎样才能实现类似的功能呢？这就要用到推荐系统。实现推荐功能离不开数据和算法。推荐系统搜集的数据包括：商品之间的关联性、商品的评价、浏览过该商品的人的浏览记录、用户的历史行为等等。商品之间的关联性是指哪些产品属于同一类别或相关联的类别，比如哪些商品属于"电吹机"类别或者关联的类别，这样系统就能根据你的购物情况为你推荐相关联的其他物品了，具体情况如图 12－2 所示。

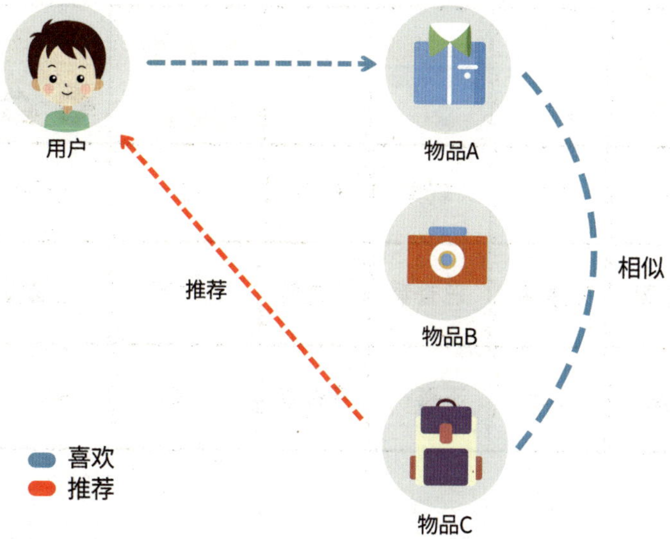

◀ 图 12－2　系统推荐原理

商品的评价来自购买过的用户对该商品的评价，优先推荐评价较高的商品，如图 12－3 所示。

◀ 图 12－3　根据评分推荐

用户的行为可以是你浏览了什么，购买了什么，喜欢什么，如图 12－4 所示。

商品	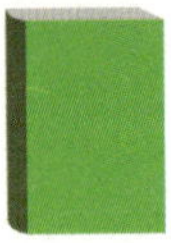		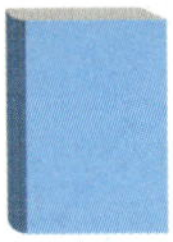				
种类	书	书	书	玩具	玩具	书	玩具
	已查看	已查看	已查看	已查看	已查看	未查看	已查看
	喜欢	喜欢	喜欢	不喜欢	不喜欢	未知	未知

▲ 图 12－4 用户行为记录

浏览过该商品的人的浏览记录是根据所有用户对物品或者信息的偏好，发现与当前用户爱好相似的用户群，它的基本假设是，喜欢类似物品的用户可能有相同或者相似的口味和偏好。

如用户 A 浏览过物品 A 和物品 C，用户 B 浏览过物品 A，B，C，这样当用户 C 浏览了物品 A 后，就自动向其推荐物品 C，如图 12－5 所示。

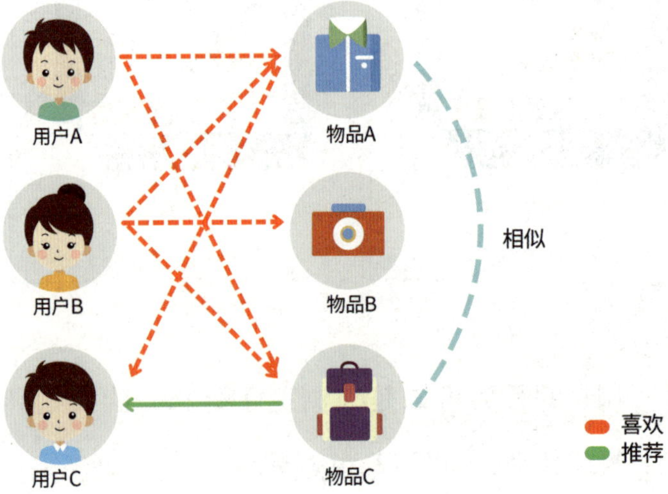

▶ 图 12－5 物品推荐业务的逻辑

上面提到的这些数据量越大，推荐效果越好。根据这些数据，再按照一定的算法，推荐系统就可以预测每个商品的推荐值，最终将高分商品推荐出来，如图 12－6 所示。

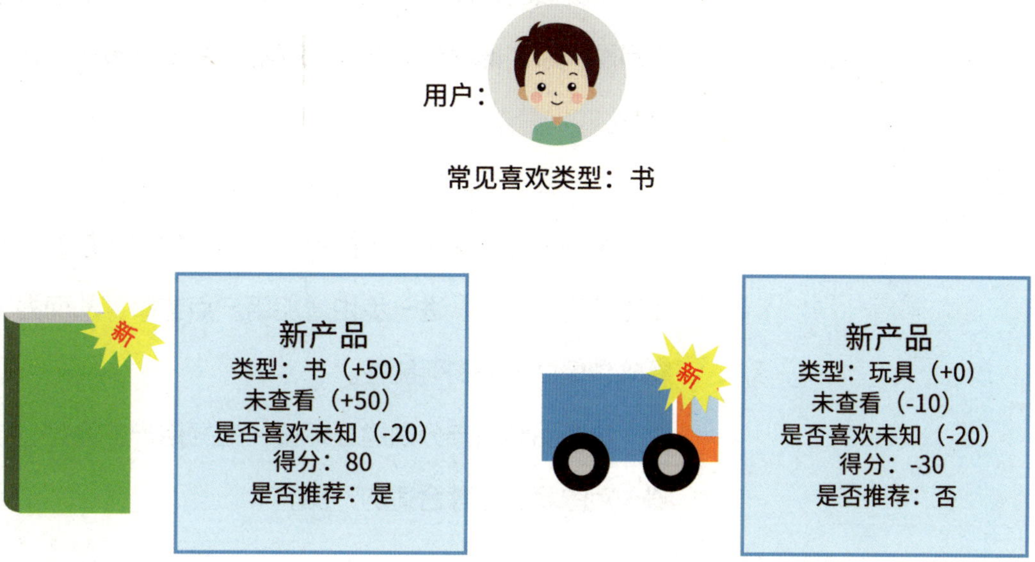

▲ 图 12－6 高分商品推荐

由于不同用户的爱好不同，因此收到的推荐结果也会有所不同。推荐系统实际上对每一个人做了个性化的推荐。

做一做

1. 首先确定自己感兴趣的一种商品，在网购平台（淘宝、京东等）上搜索相关的链接，仔细查看系统自动推荐的商品，看看这里哪些是同类产品推荐、哪些是关联产品推荐，哪些是无关推荐。（比如自己想购买电吹风机，同类产品推荐就是推荐一些热卖的评价高的产品，关联产品推荐就是推荐多用插座、梳子之类，如果推荐图书就是无关推荐了，有些无关推荐可能是算法的问题）。

2. 你的同学特别喜欢动画片《海洋之歌》，你能帮他推荐类似的动画片吗？你可以借助豆瓣网站来解决这个问题，除了推荐电影之外，豆瓣还能推荐音乐，试试看吧。

怎样实现商品的个性化推荐？

个性化推荐可以推荐符合用户口味的物品信息，从而提升用户体验，进一步也增加用户点击率，从而为交易成功提供更多的可能性。

给商品和用户分别建立标签：根据用户的喜好，按照一定的算法推荐合适的产品。

做一做

请打开某个音乐播放软件，对软件上的几首音乐进行收藏，看看软件的推荐系统是否能够根据你的收藏给你推荐类似的歌曲。

想一想

所有的推荐系统都够准确吗？你认为推荐系统是否也有好坏之分。

12.2 拓展与思考

推荐系统怎样才能做得更好，和你的小伙伴一起讨论一下，把你们的讨论成果写下来吧。

评一评

我了解推荐系统的应用价值。☆☆☆☆☆

我理解推荐系统的基本原理。☆☆☆☆☆

我能利用推荐系统寻找自己喜欢的音乐、电影、商品。☆☆☆☆☆

图书在版编目（CIP）数据

人工智能启蒙. 第一册 / 林达华, 顾建军主编. — 北京：商务印书馆, 2019（2020.5重印）
ISBN 978－7－100－17763－4

Ⅰ. ①人… Ⅱ. ①林… ②顾… Ⅲ. ①人工智能—基本知识 Ⅳ. ①TP18

中国版本图书馆 CIP 数据核字（2019）第176898号

人工智能启蒙
（第一册）
林达华 顾建军 主编

商务印书馆出版
（北京王府井大街36号 邮政编码 100710）
商务印书馆发行
山西人民印刷有限责任公司印刷
ISBN 978－7－100－17763－4

2019年9月第1版 开本 787×1092 1/16
2020年5月第3次印刷 印张 7¾

定价：19.50元